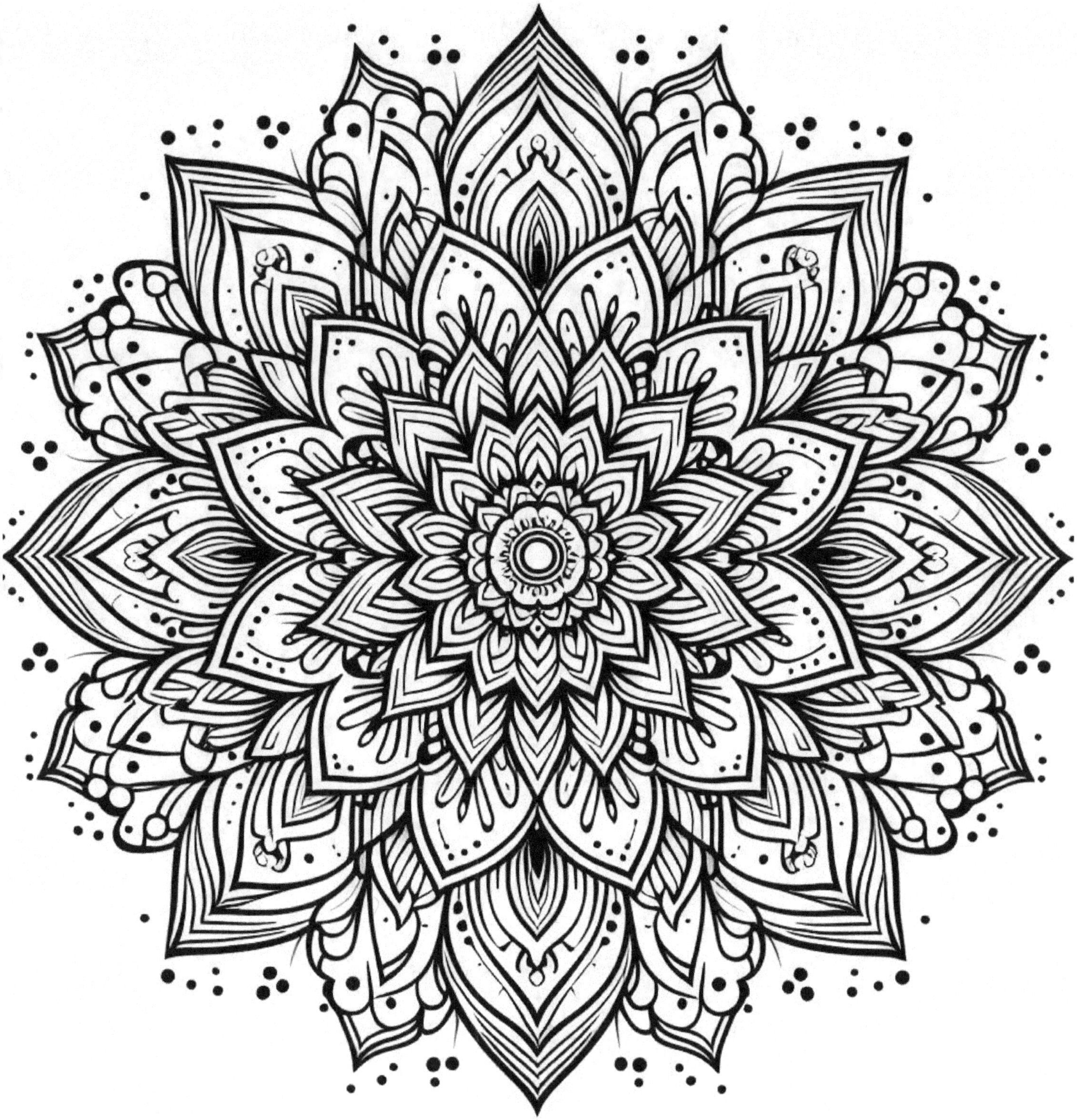

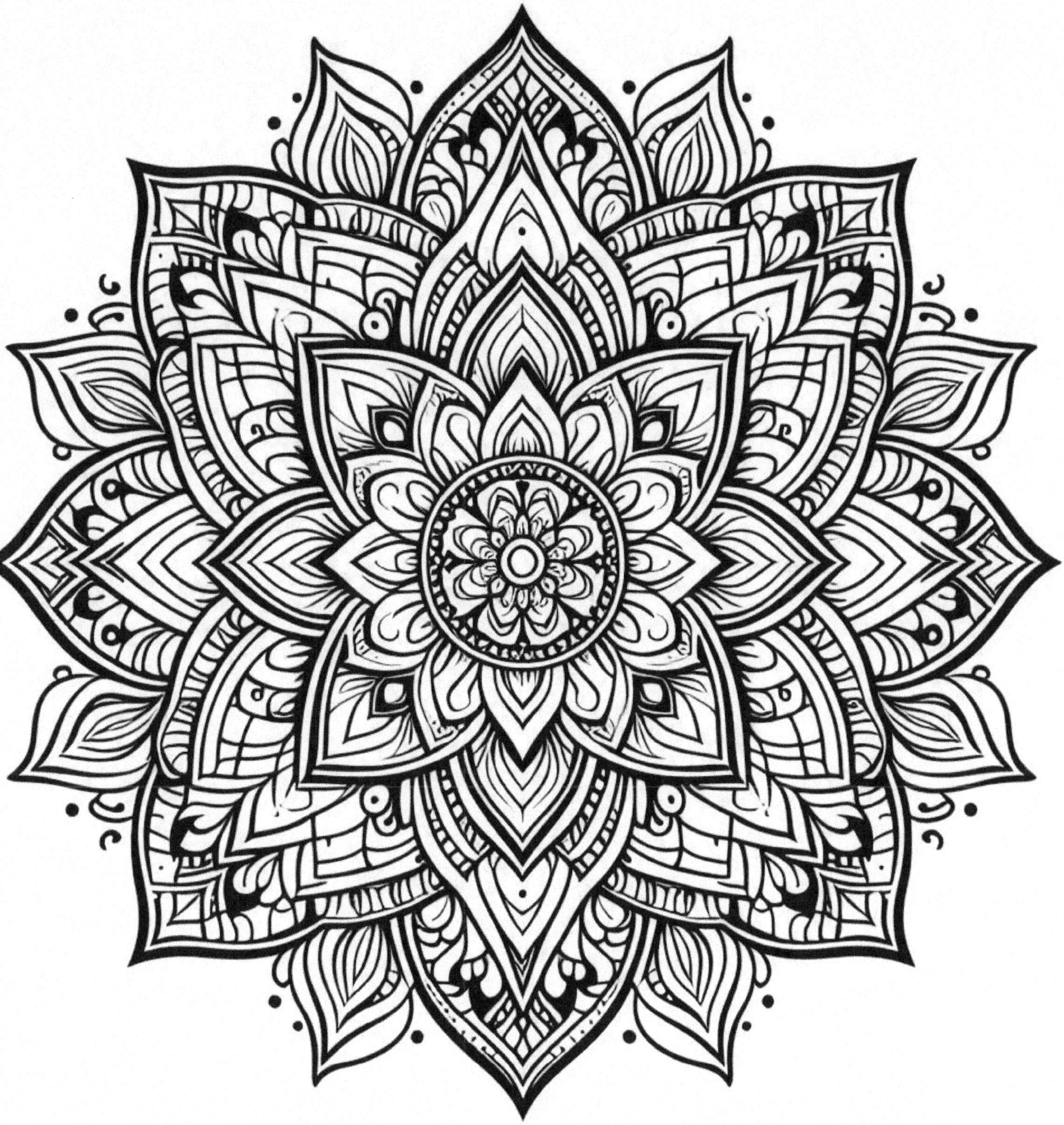

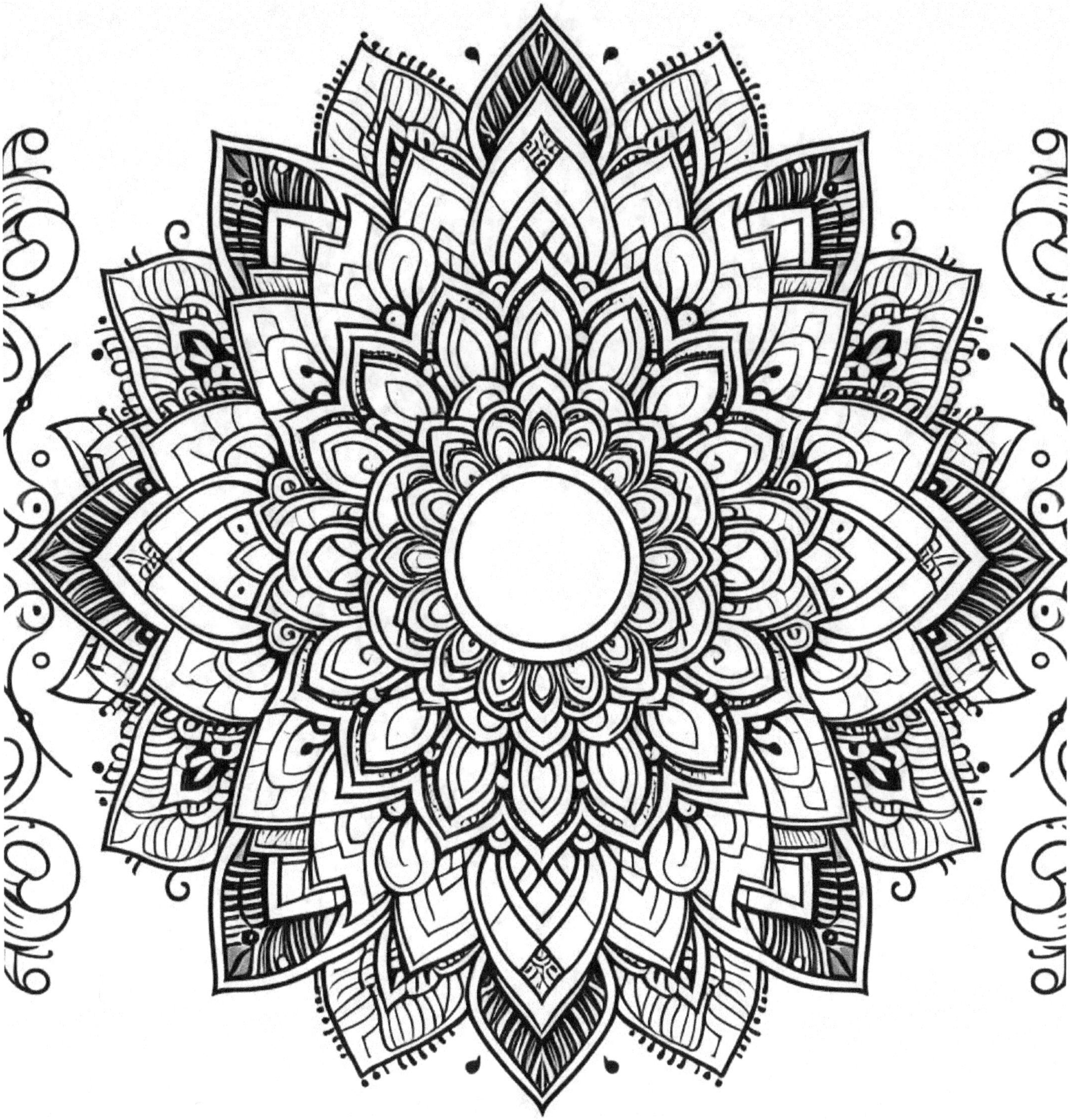

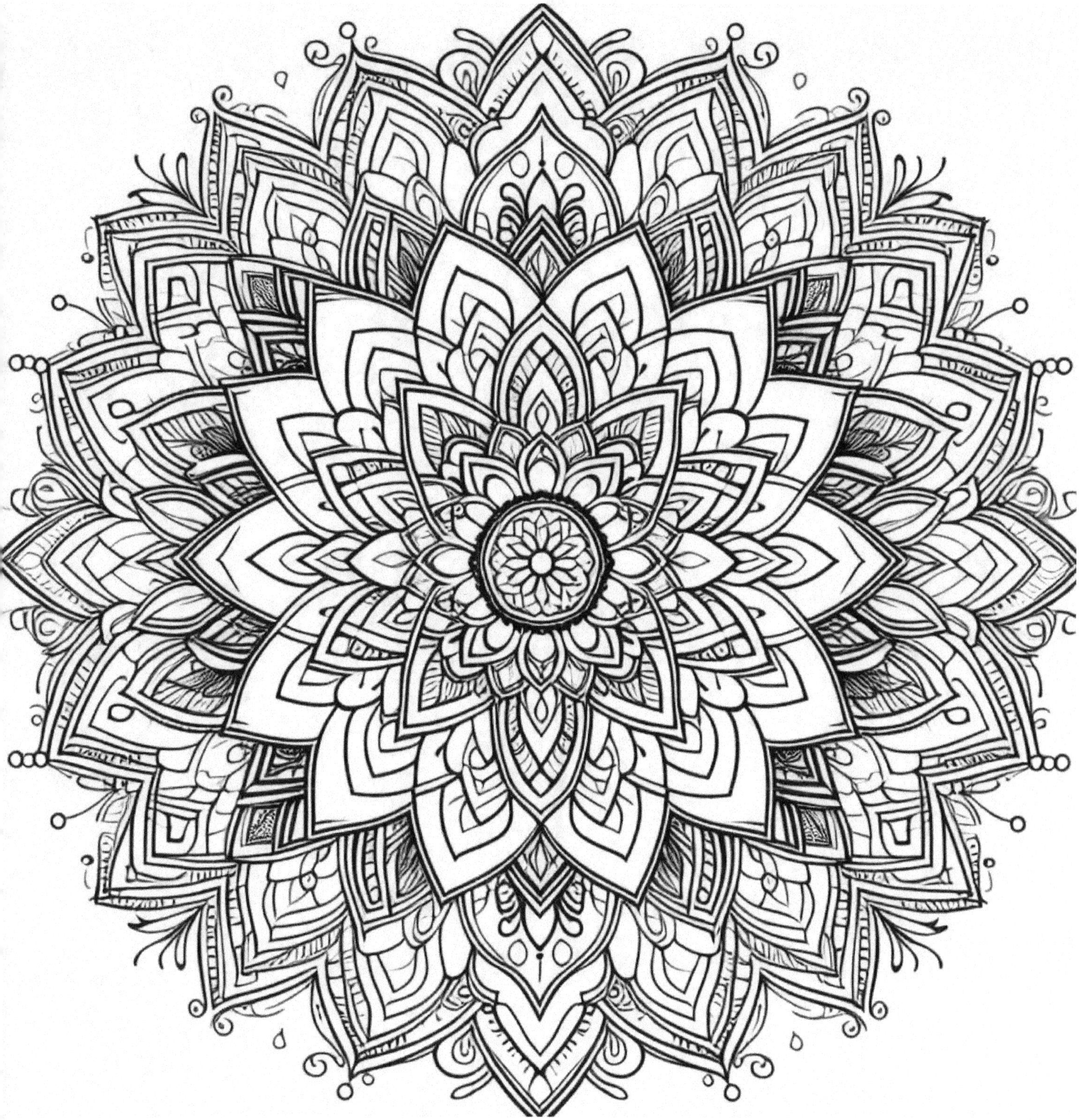

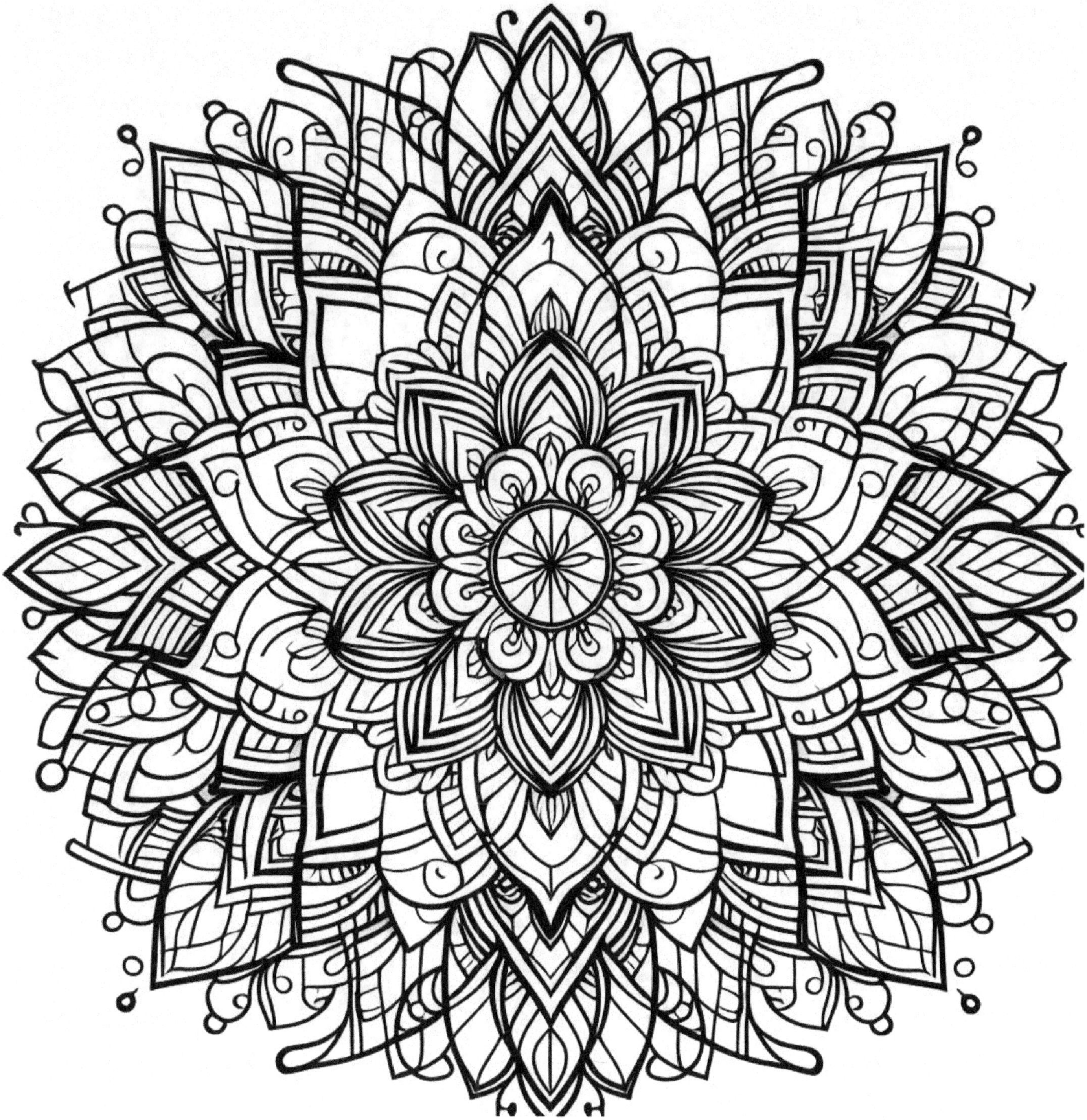

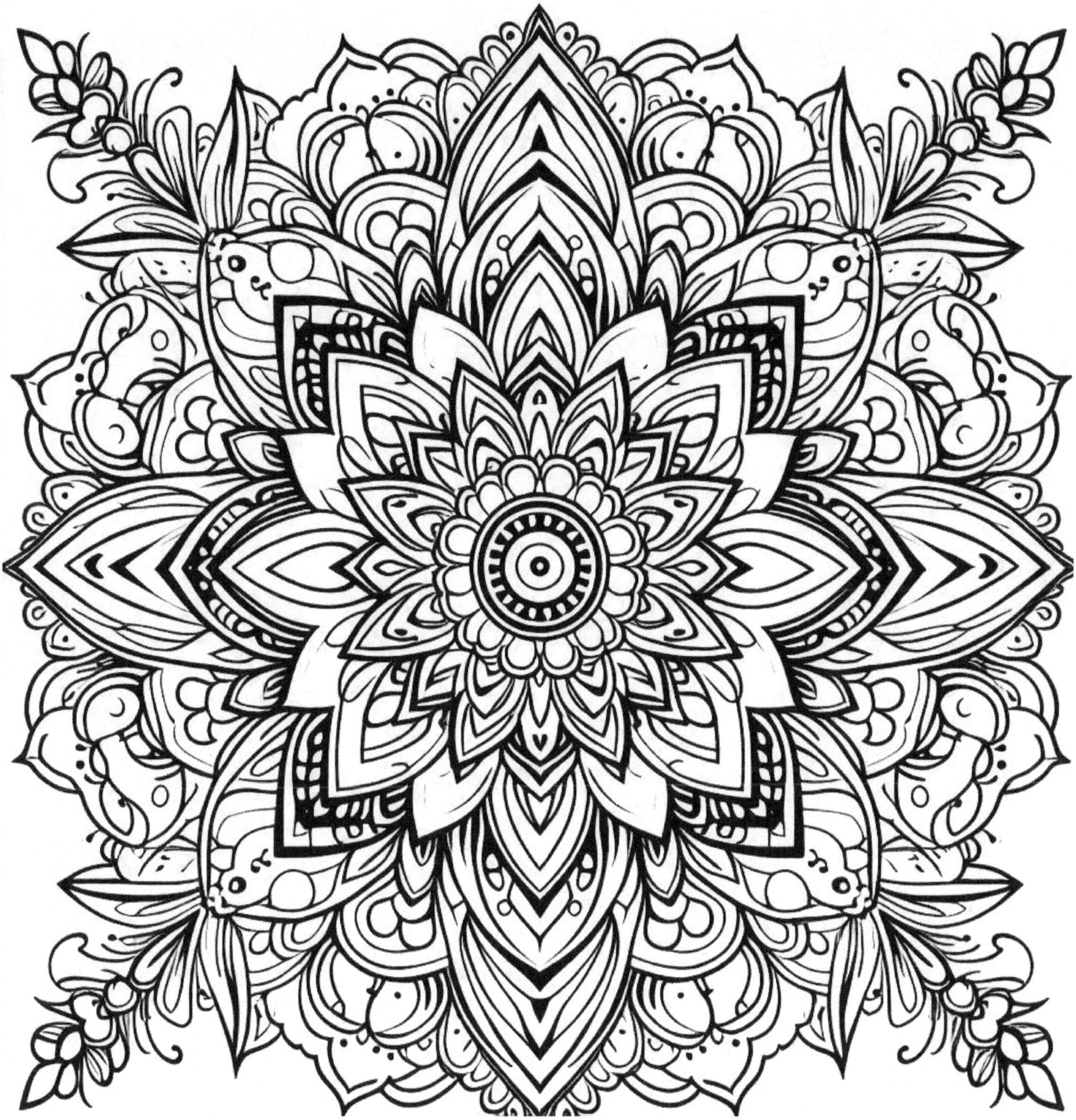

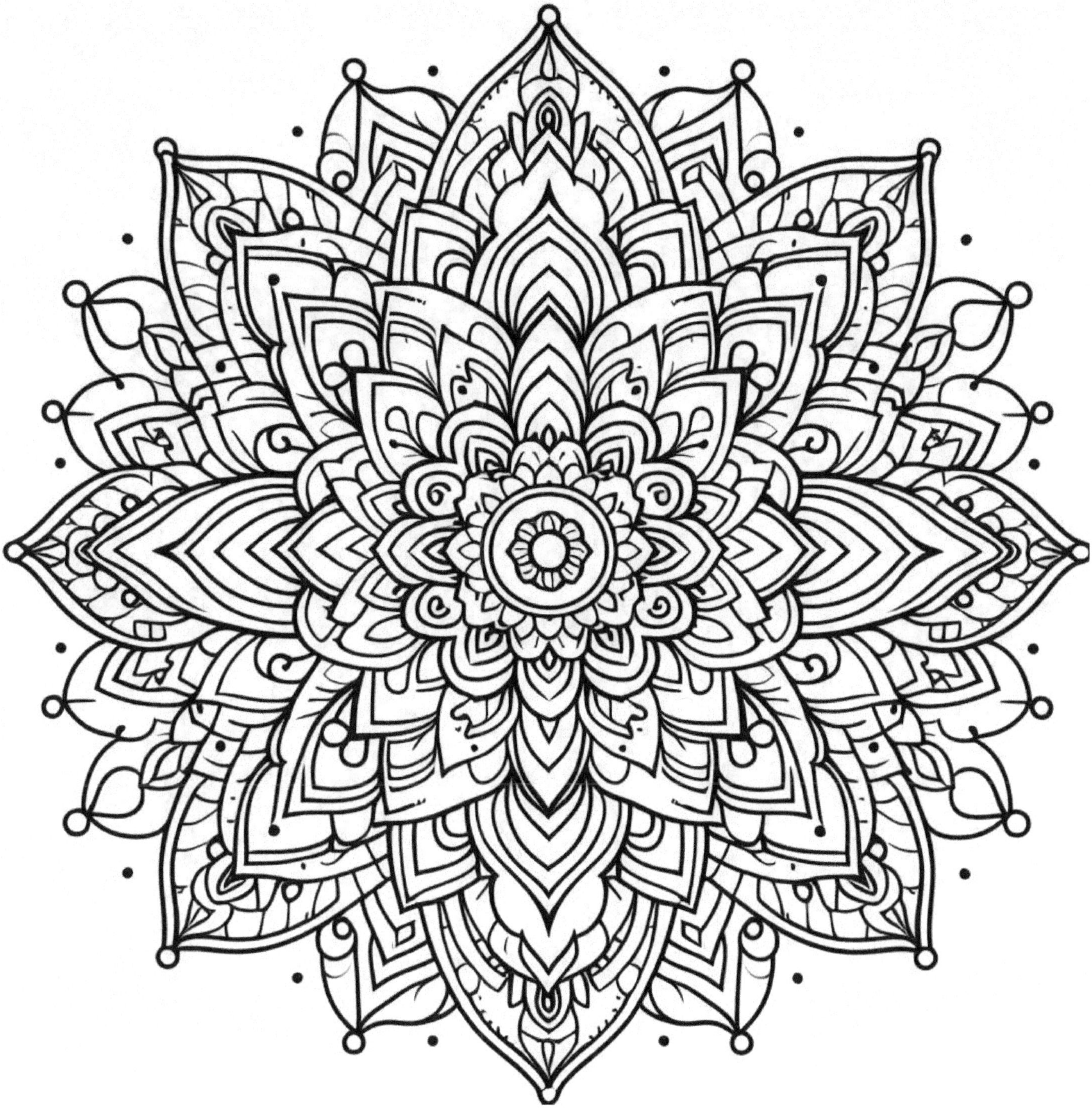

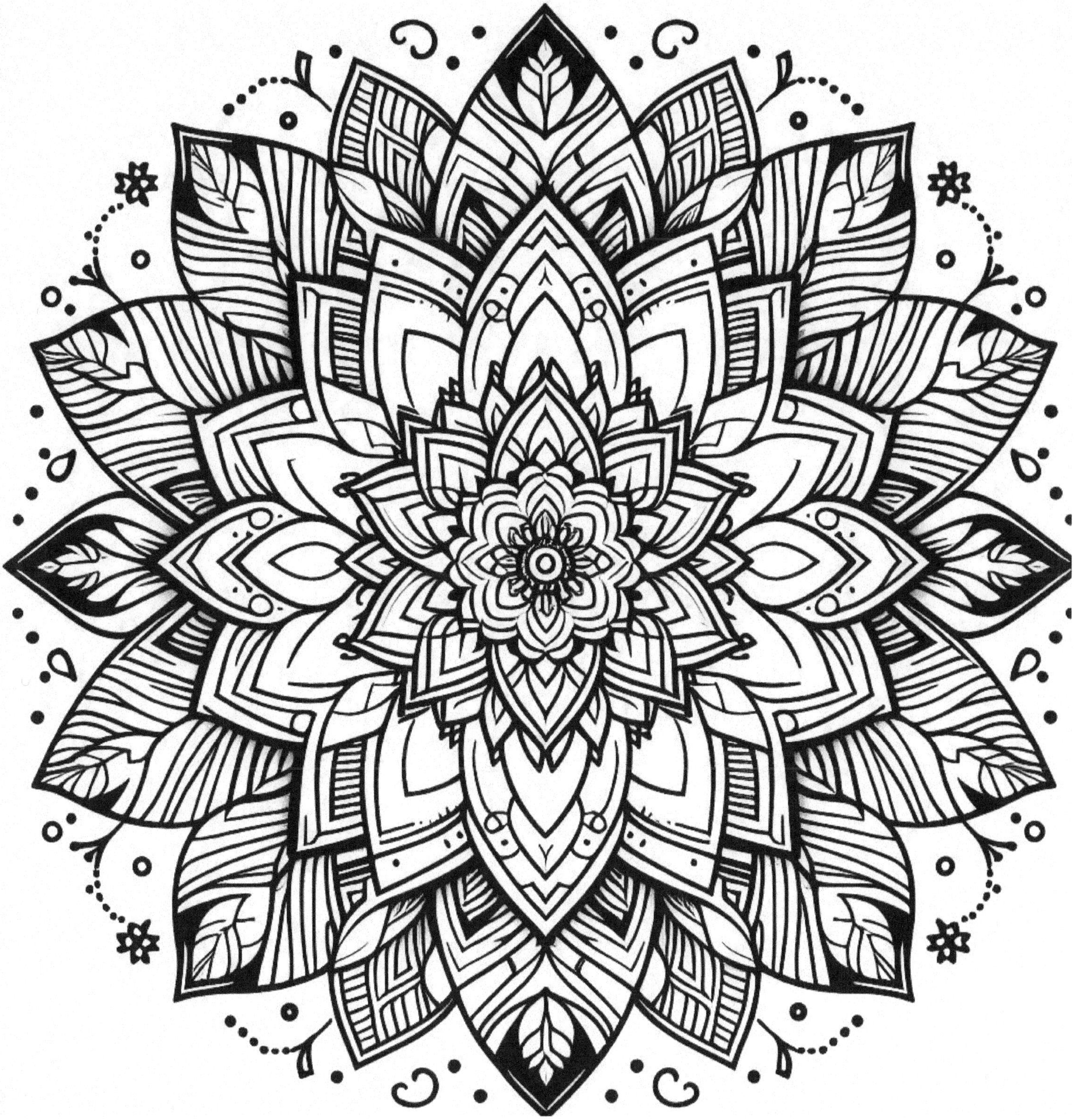

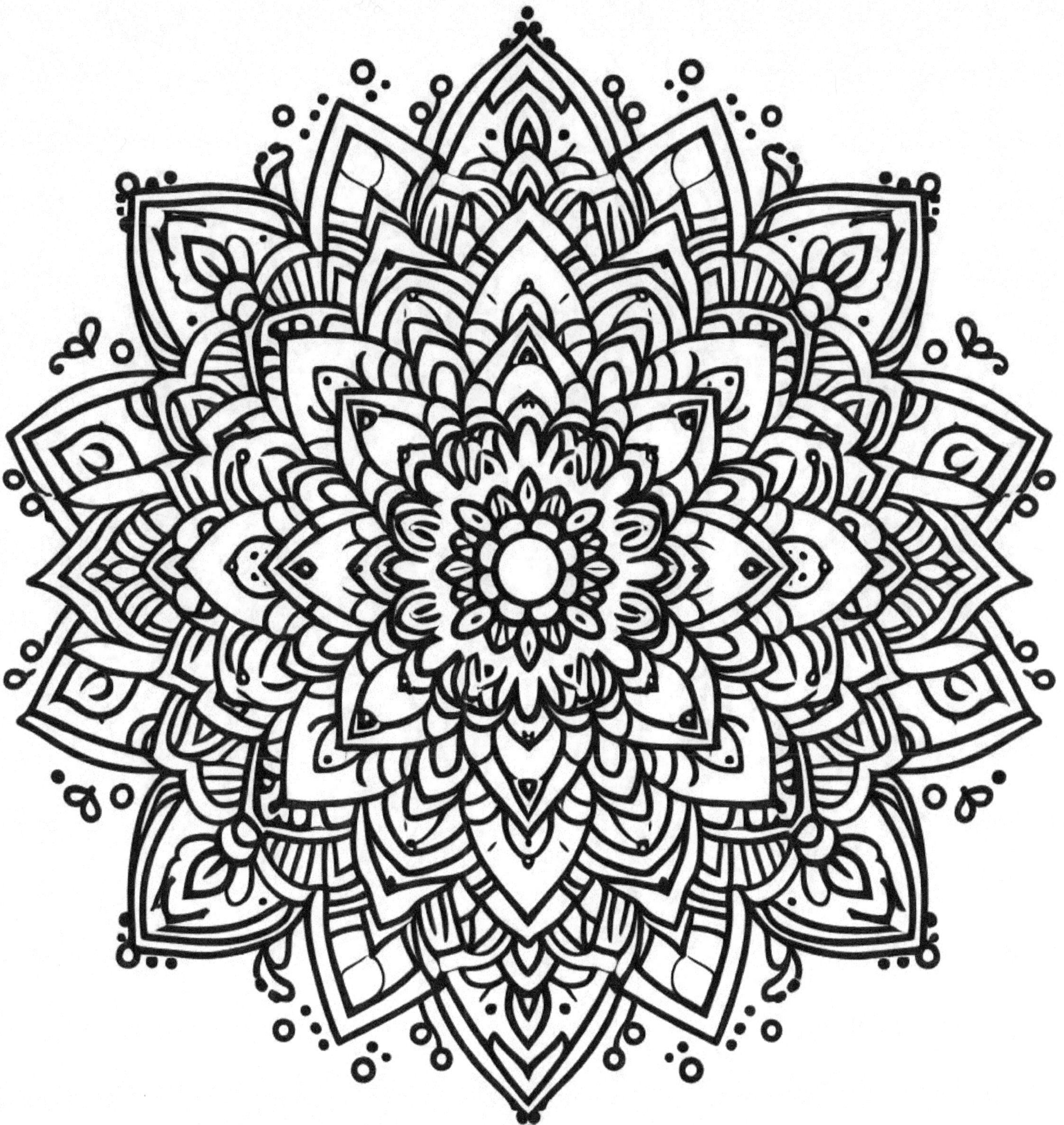

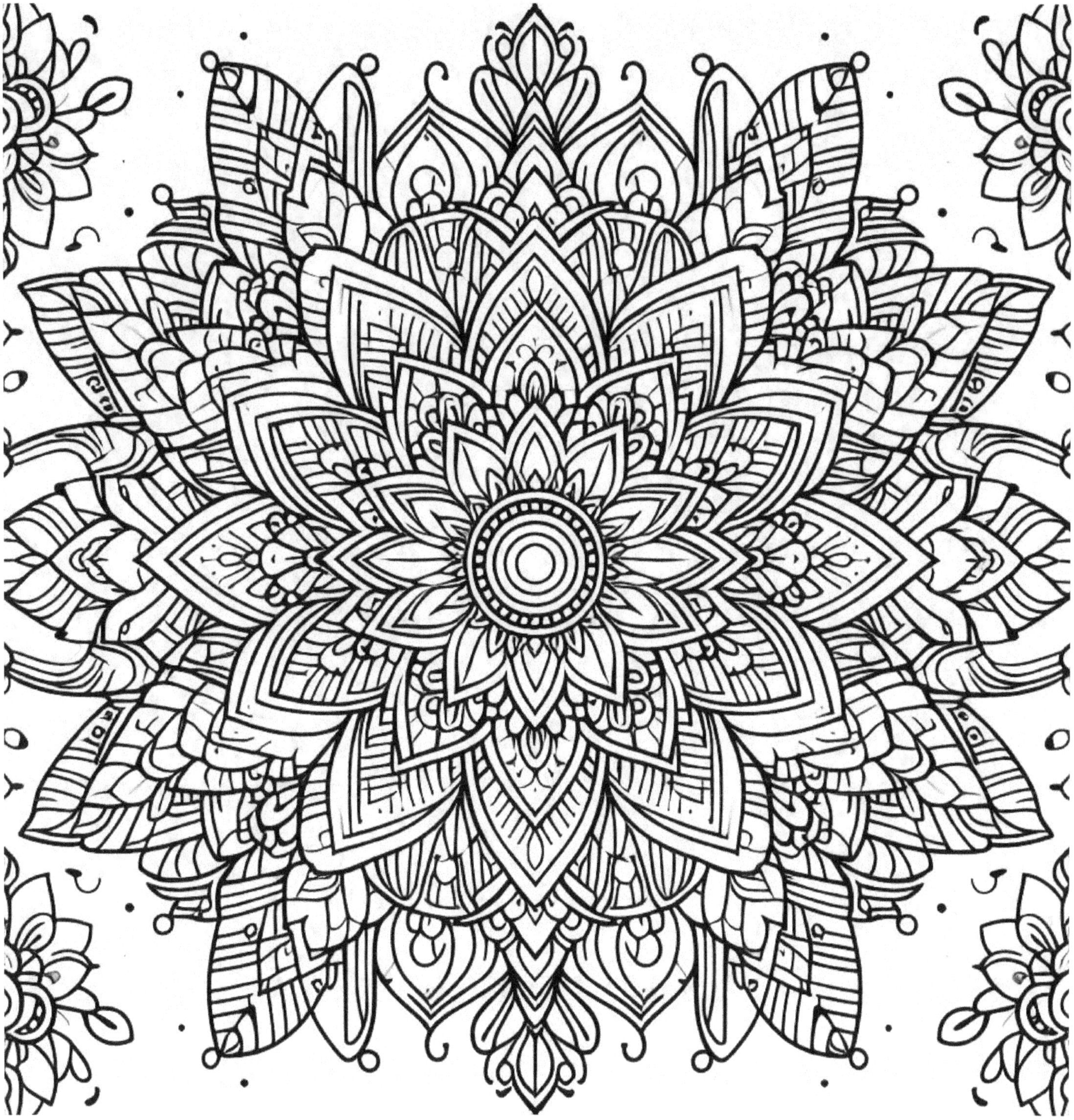

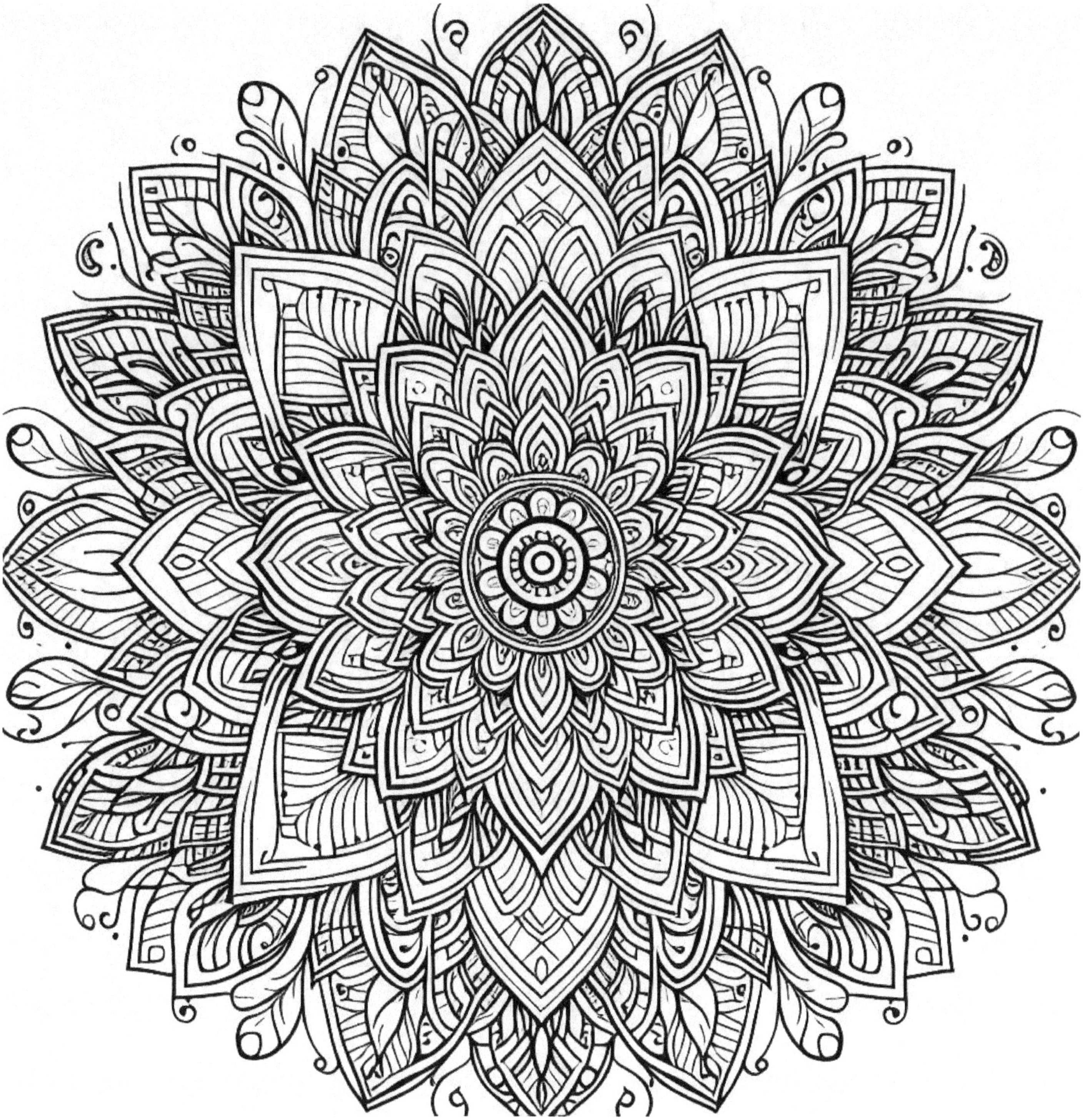

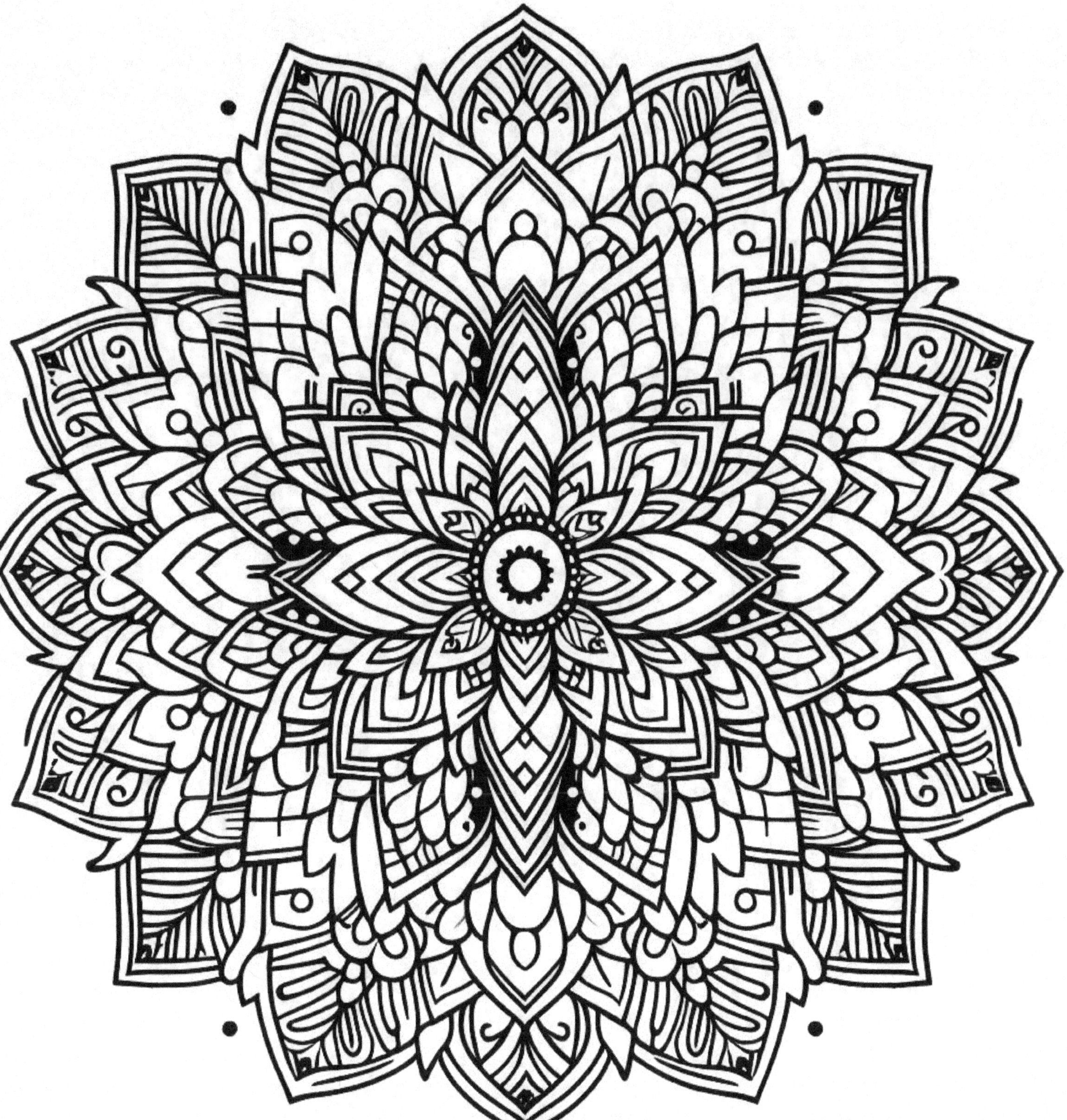

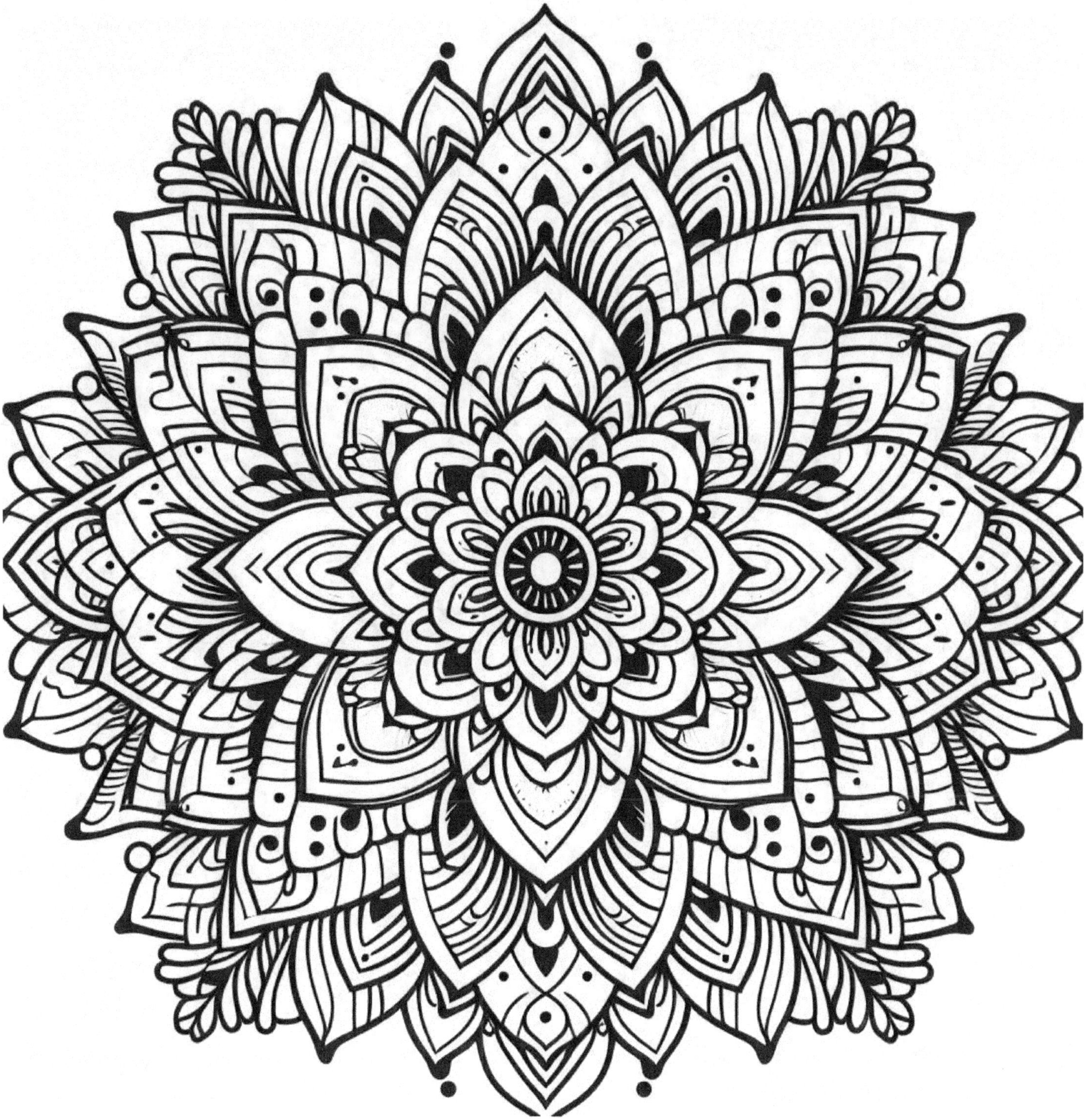

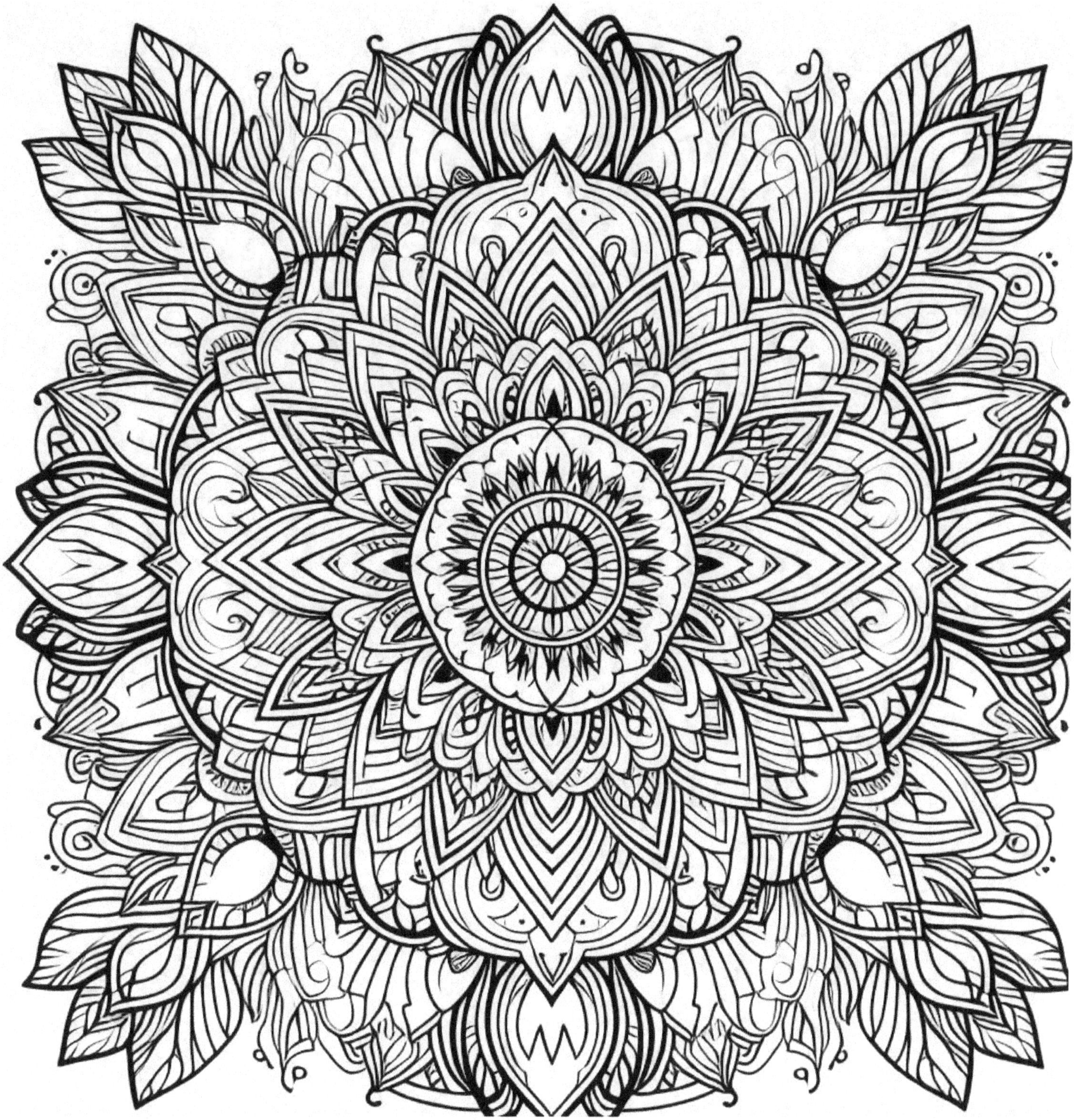

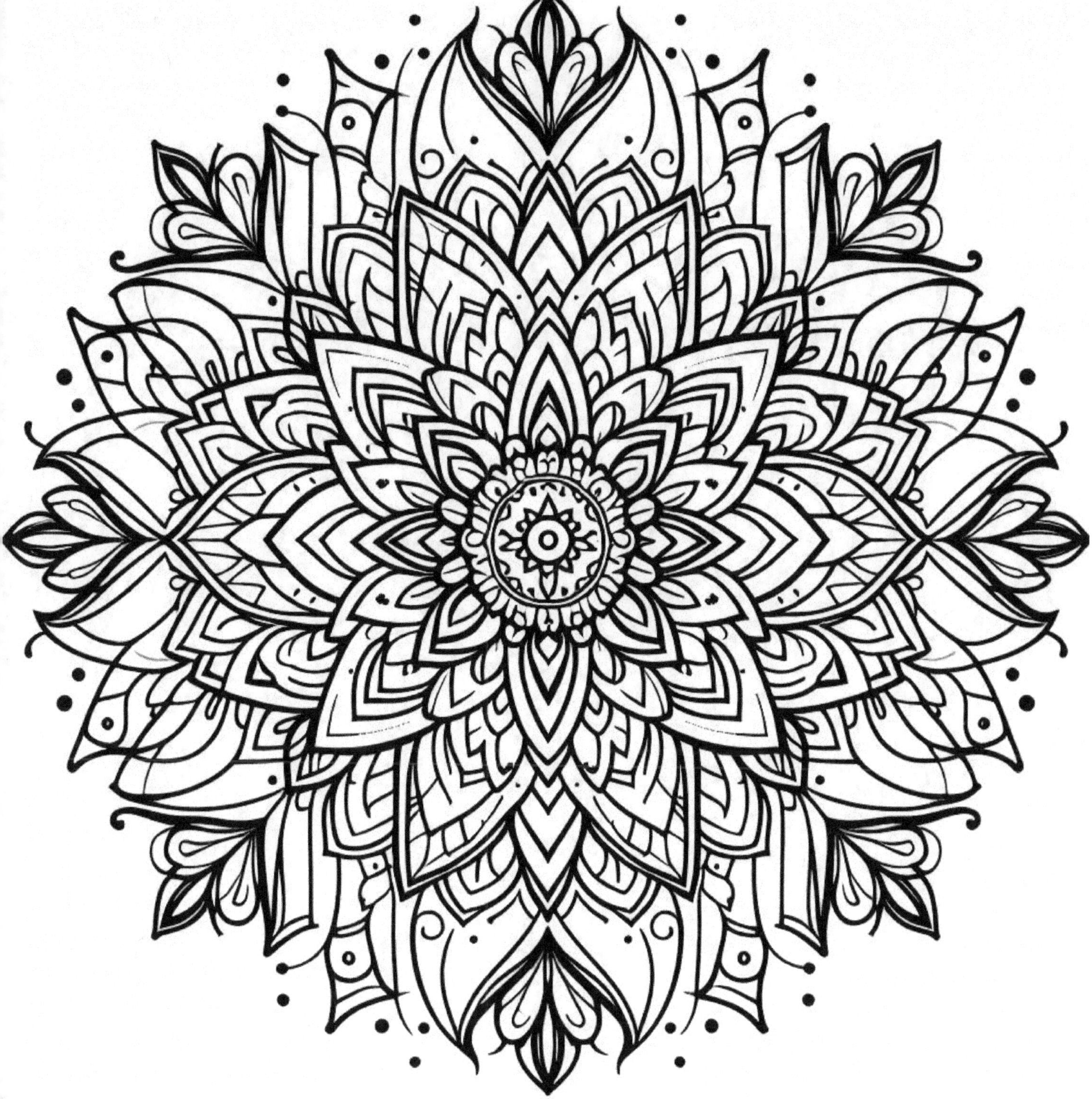

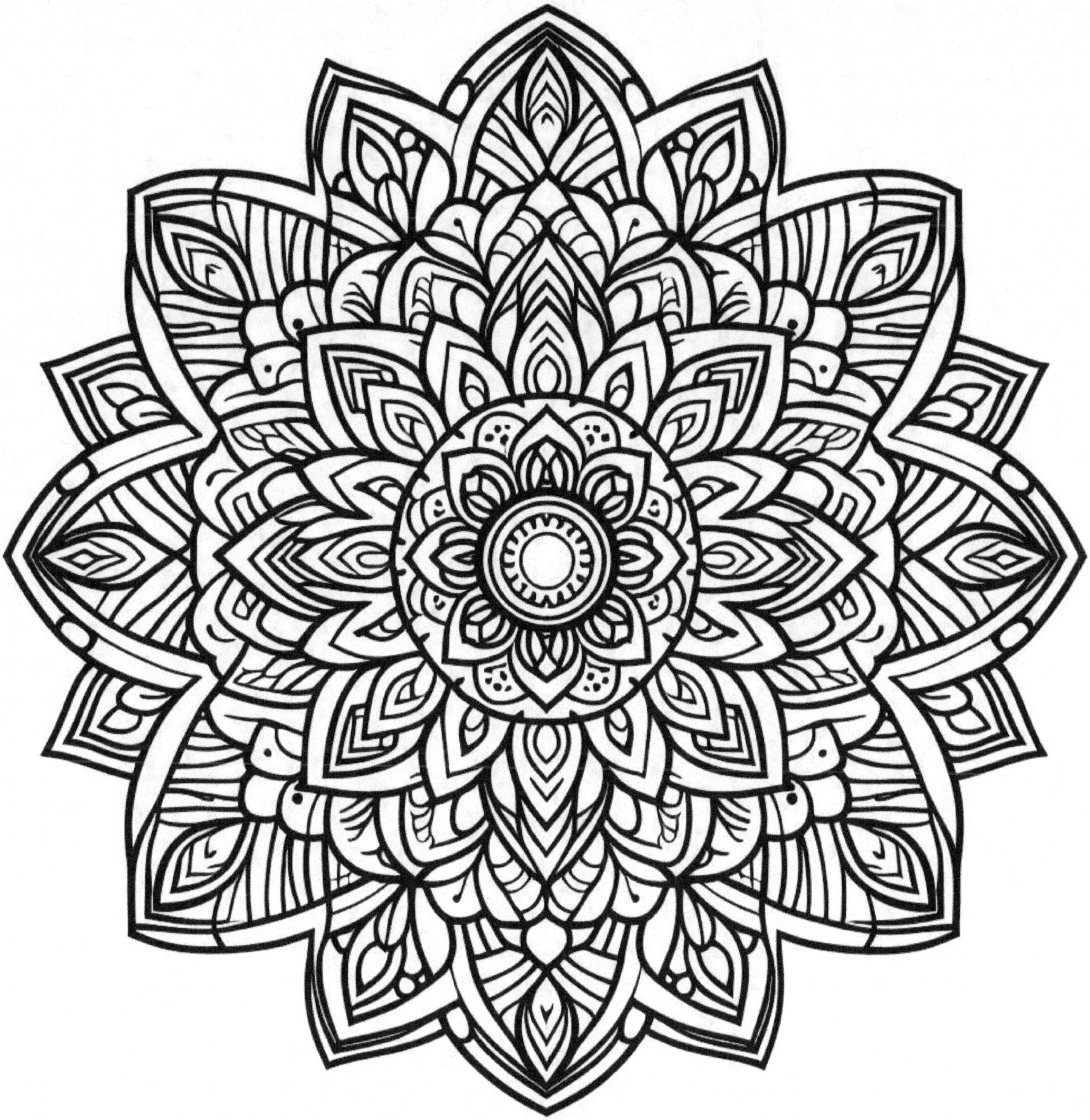

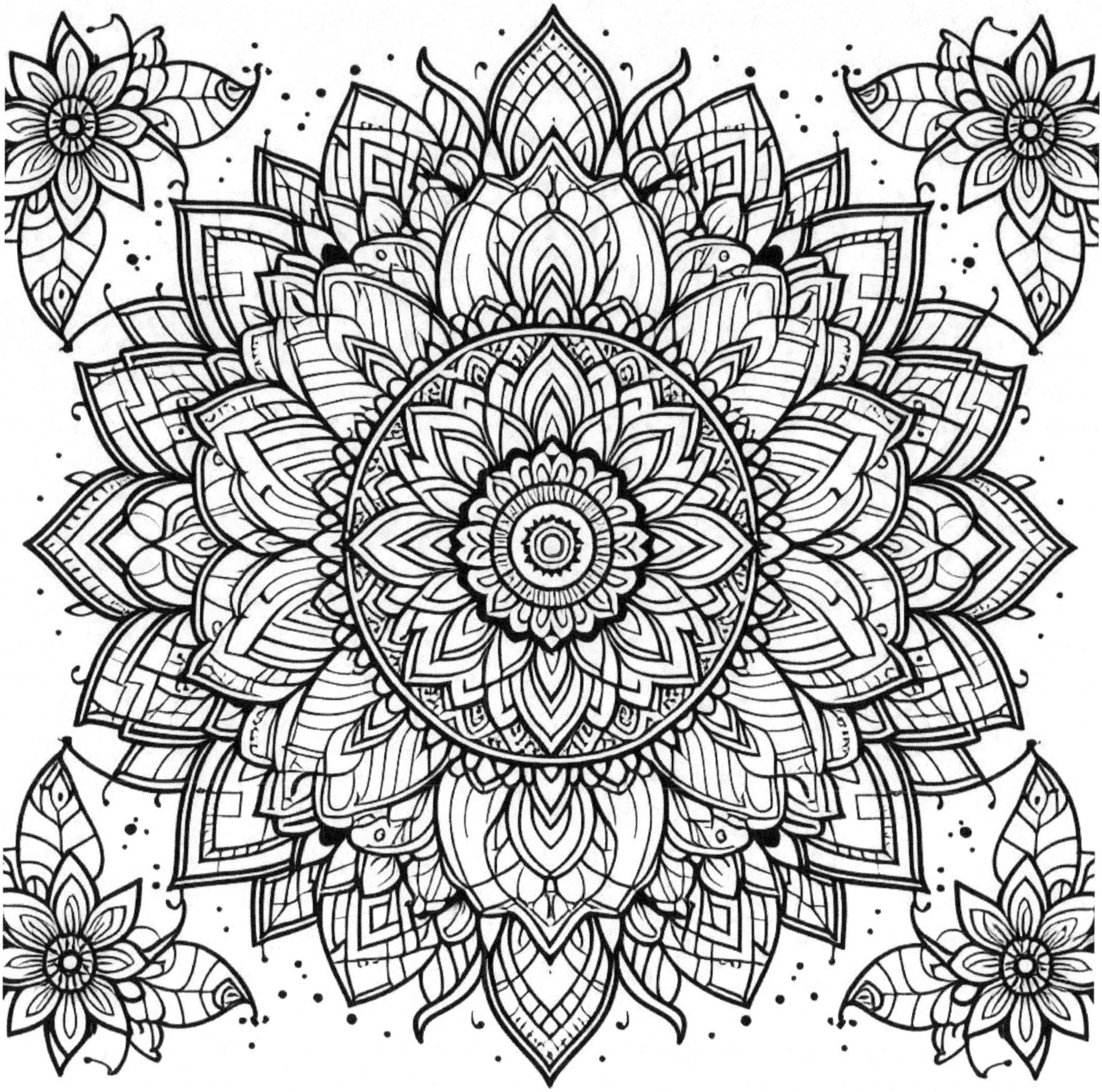

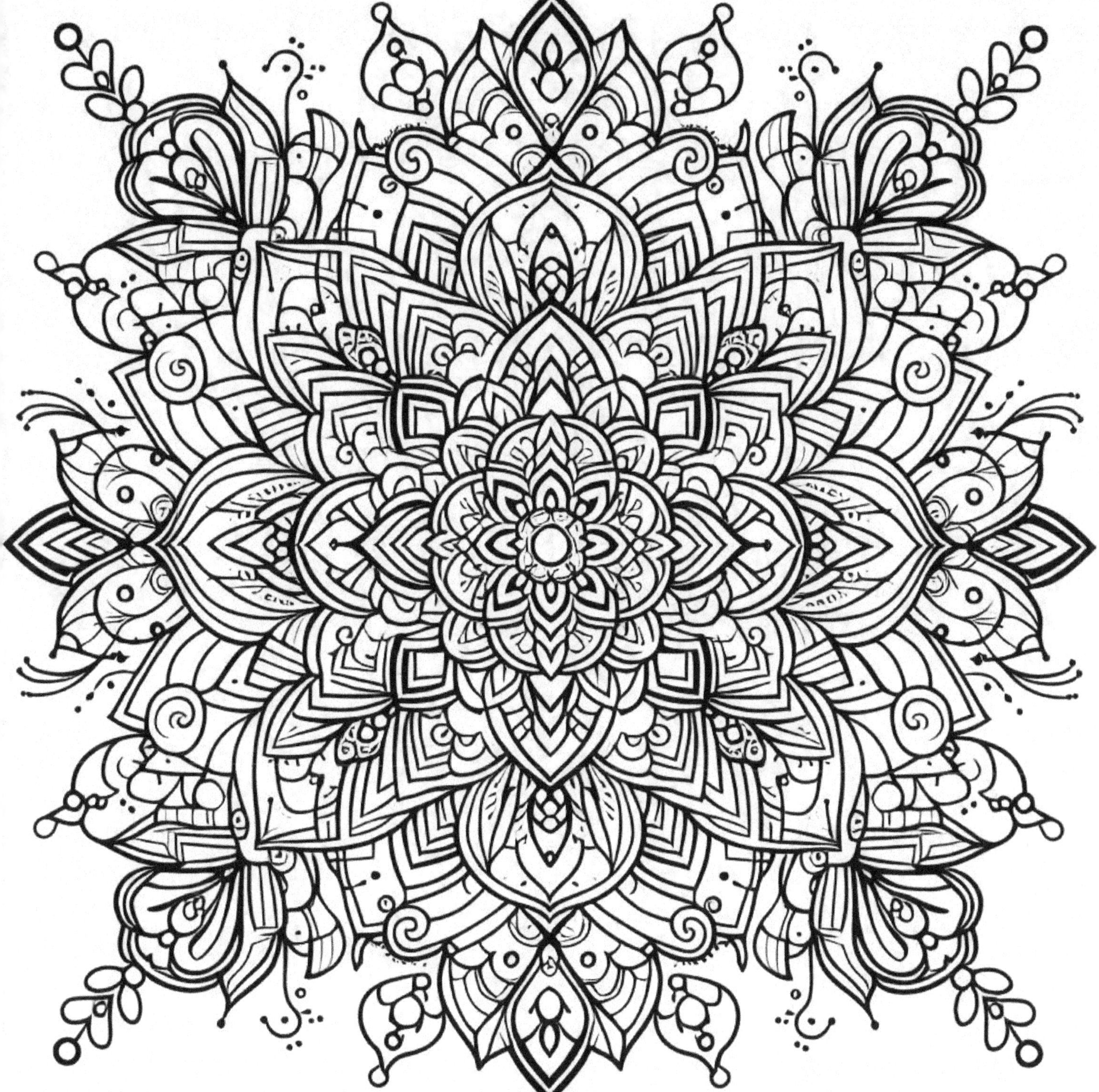

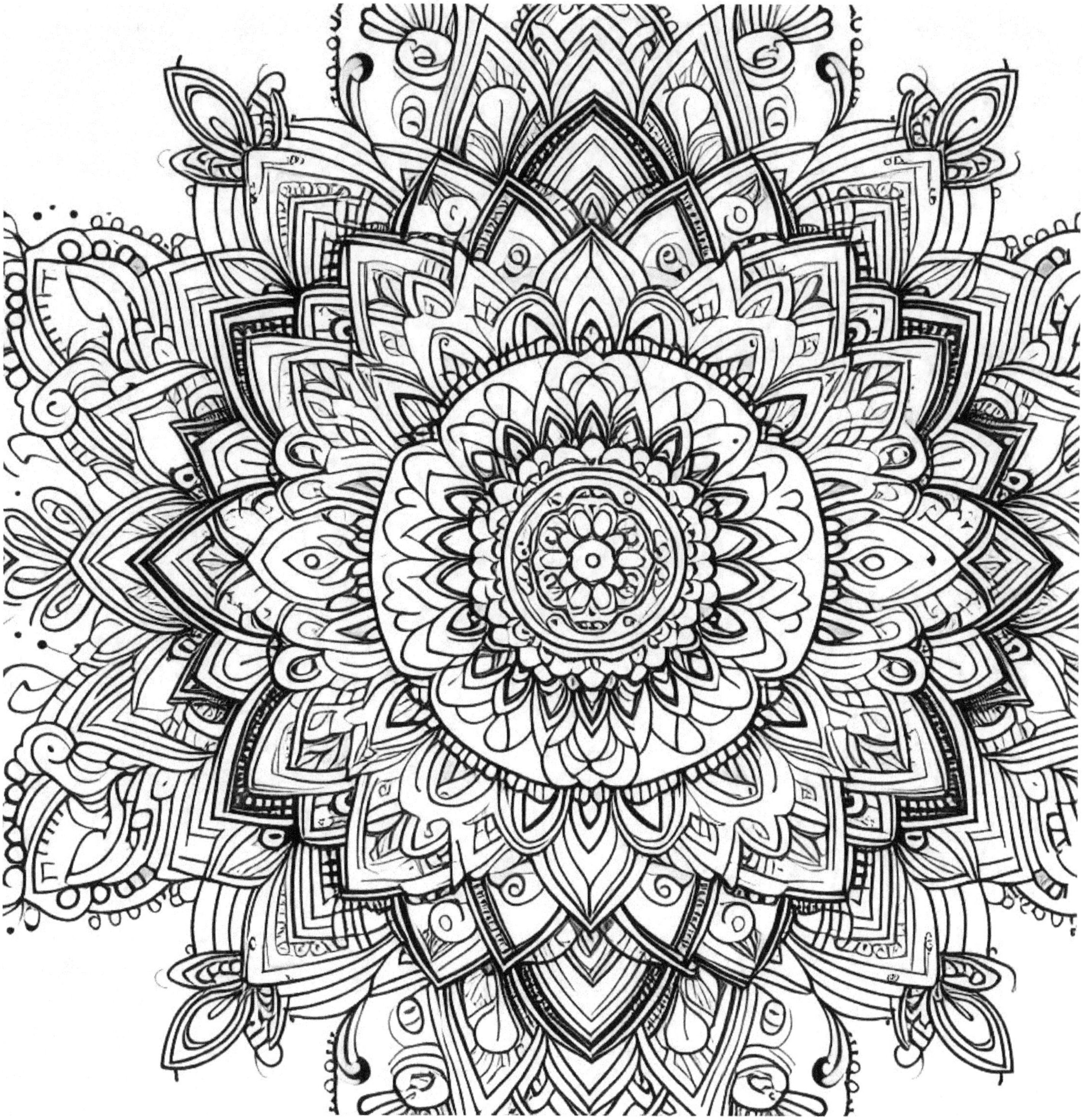

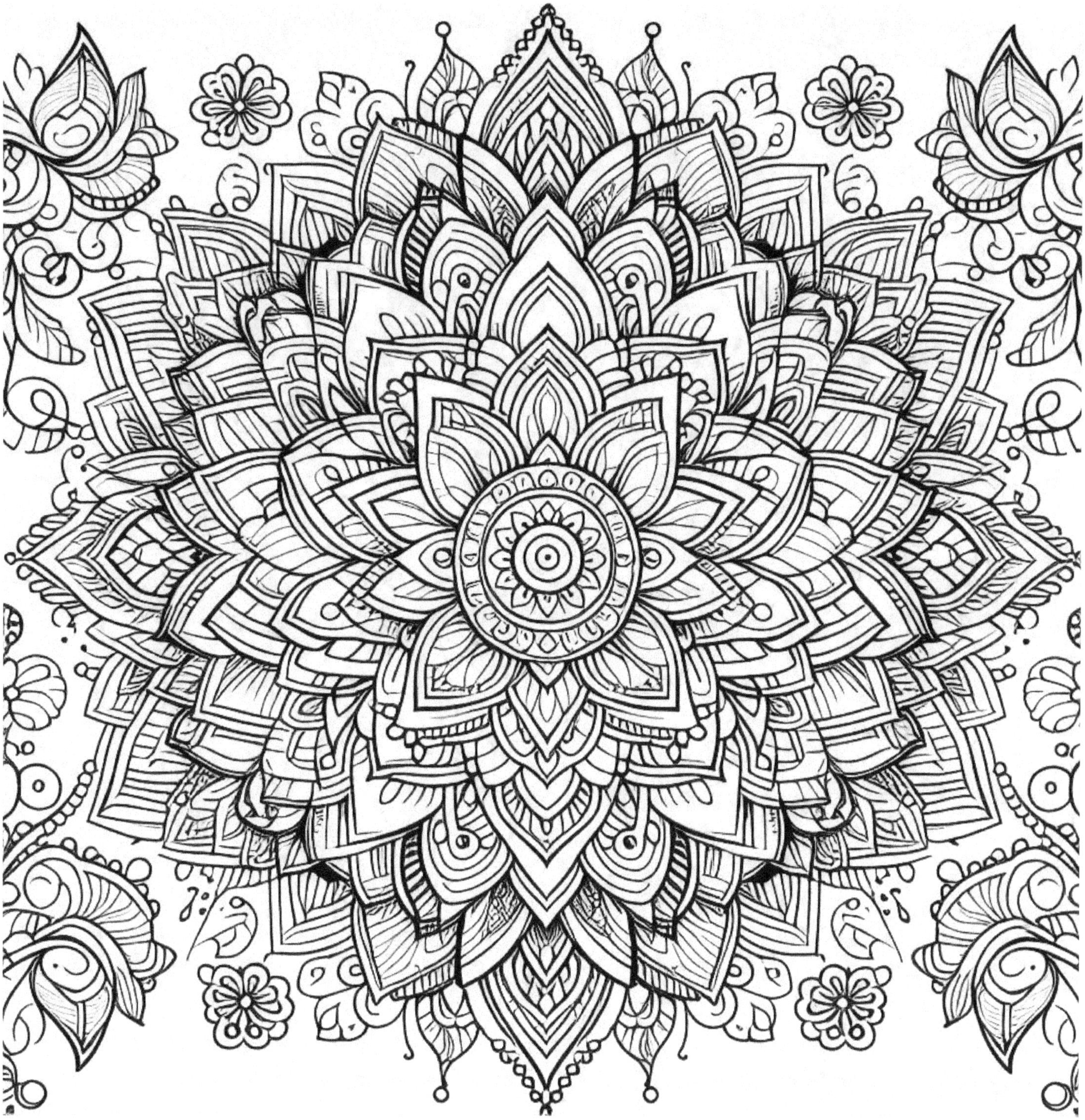

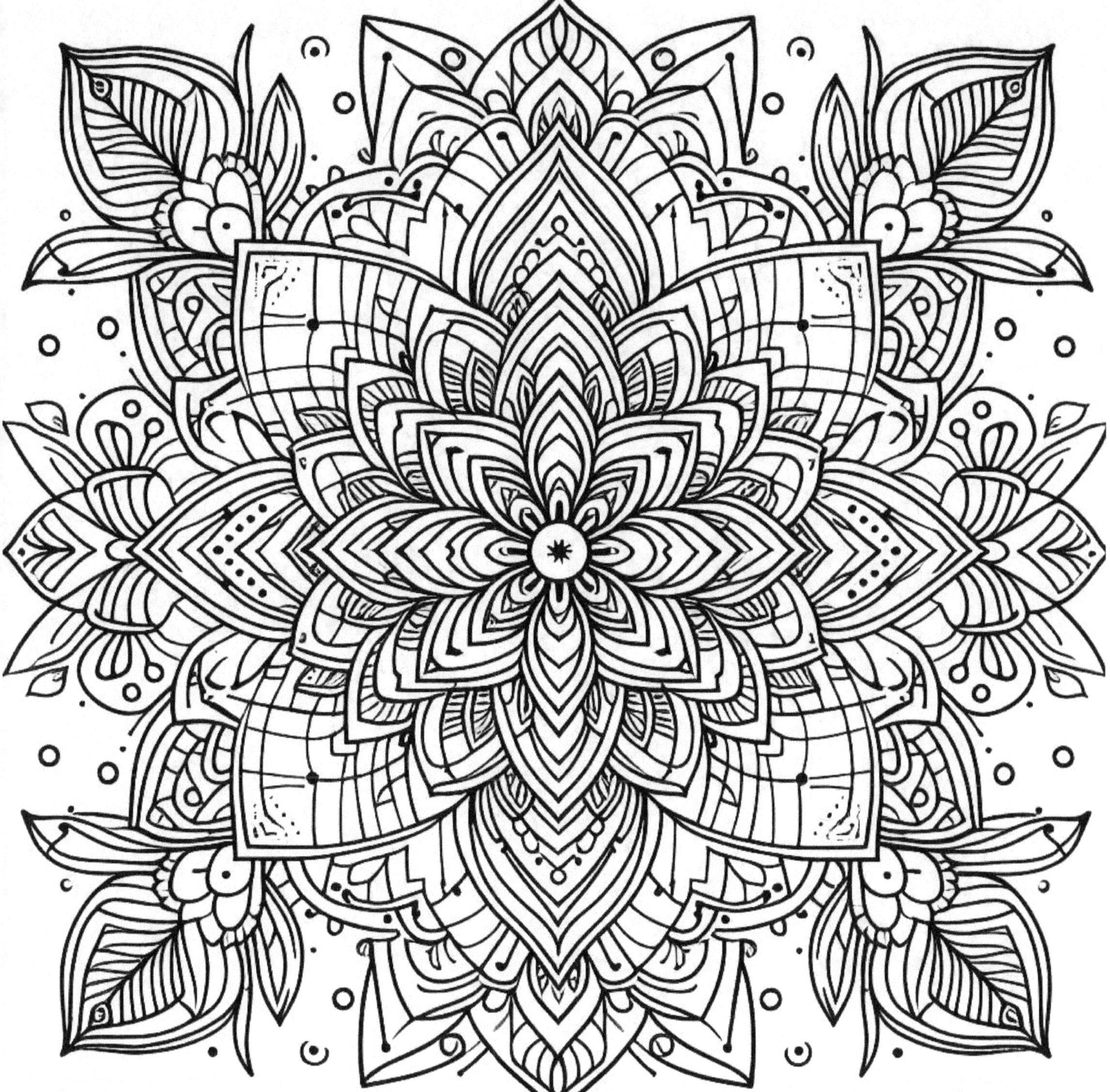

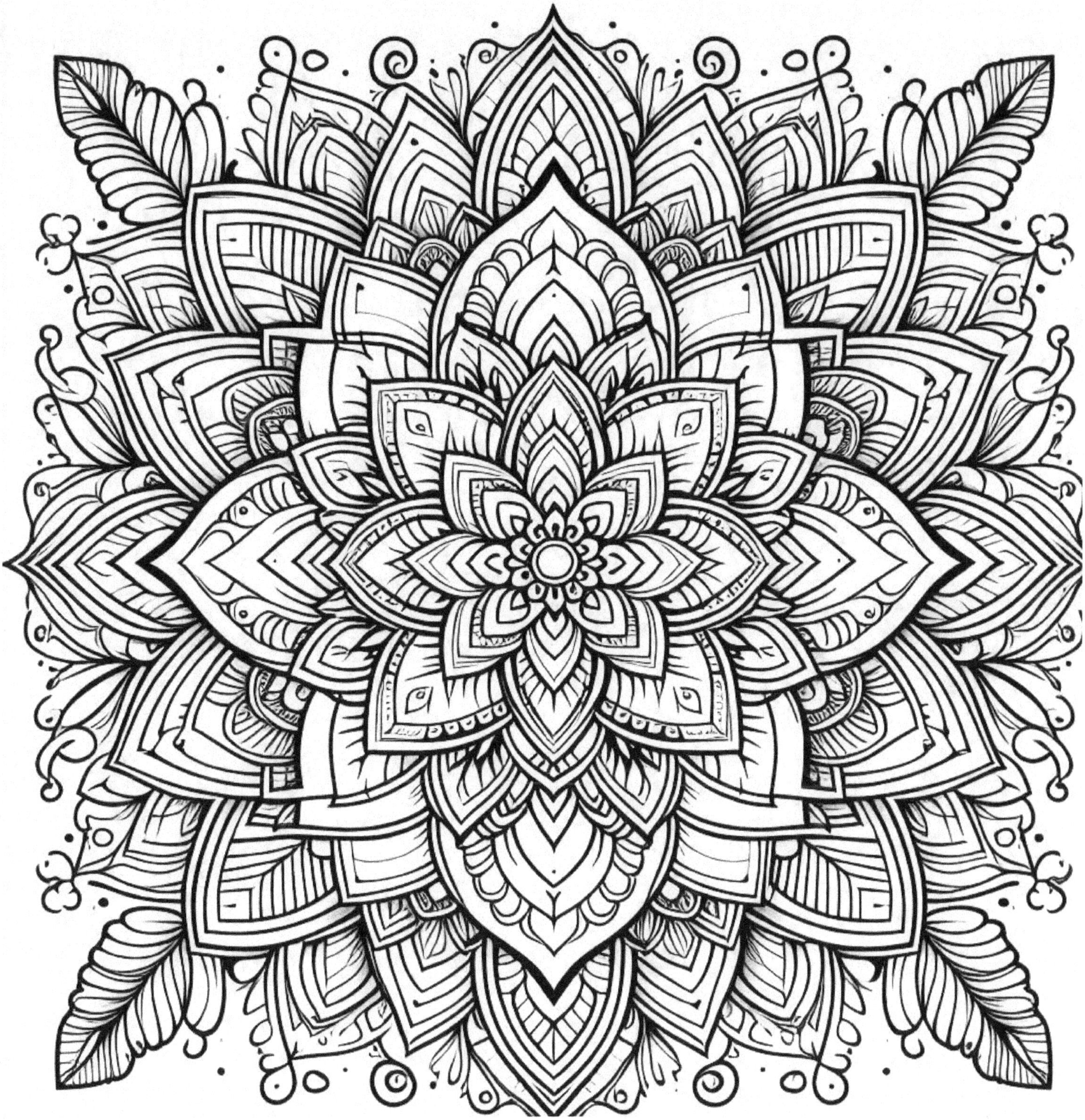

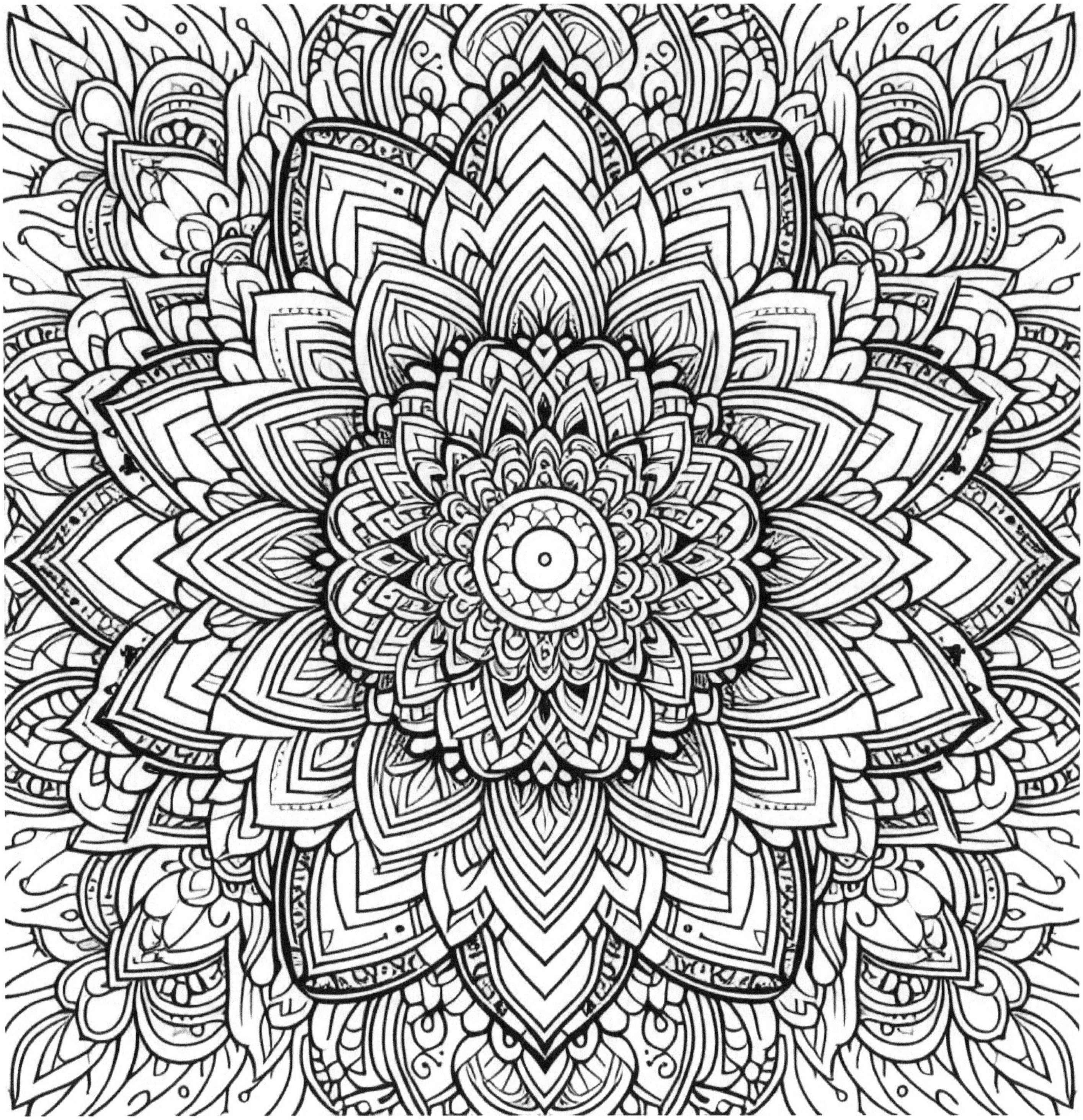

www.ingramcontent.com/pod-product-compliance
Lightning Source LLC
Chambersburg PA
CBHW082122220526
45472CB00009B/2274
* 9 7 9 8 3 2 8 6 2 5 8 3 8 *